LES
FRAGMENS
DE
MOLIERE·
COMEDIE·

A PARIS,

Chez JEAN RIBOU, fur le Quay des
Auguftins, au deffus de la Grand'Porte
de l'Egife, à la defcente du Pontneuf,
à l'Image Saint Loüis.

M. DC. LXXXII.

Avec Privilege du Roy.

PERSONNAGES.

LIGNON.

JOURDAIN.

PIERROT.

CHARLOTE.

GUSMAN.

LE JUGE.

D. JOUAN.

Mr DIMANCHE.

LES
FRAGMENS
DE MOLIERE.

ACTE I.
SCENE I.

JOURDAIN, LIGNON.

LIGNON.

Amour, que tu agites mon
esprit de diverses inquié-
tudes!

JOURDAIN.

Charlote, Belle Charlote,

LIGNON.

Pourquoy, cruel Amour...

A

JOURDAIN.

Si l'ardeur de la flâme...

LIGNON.

Faut-il que tu mettes la joye...

JOURDAIN.

Que tes beaux yeux par leurs lu-
mieres...

LIGNON.

A tourmenter les cœurs...

JOURDAIN.

Ont jetté dans mon ame...

LIGNON.

Que tu soûmets à ton empire,..

JOURDAIN.

Peut estre assez heureuse...

LIGNON.

Si.....

JOURDAIN.

Pour....

LIGNON.

Si tu veux montrer ton pouvoir...

JOURDAIN.

Pour obtenir de tes bontez...

LIGNON.

En nous forçant d'aimer...

JOURDAIN.

Le bonheur où j'aspire...

LIGNON.

Pourquoy ne fais-tu pas...

JOURDAIN.

Les plus heureuses destinées...

LIGNON.

Qu'on aime avec plaisir...

JOURDAIN.

N'égaleront point ma fortune...,

LIGNON.

Et par quelle....

JOURDAIN.

Mais si toute,....

LIGNON.

Et par quelle raison dy-moy...

JOURDAIN.

Mais si toute mon ardeur,...

LIGNON.

Veux-tu que tes moindres plaisirs...

JOURDAIN.

Tous mes foins & tous mes ref-
pects...

LIGNON.

Soient achetez de tant peines...

JOURDAIN.

Ne peuvent te fléchir...

LIGNON.

Que les douc.....

JOURDAIN.

Ofte-toy de là , ne vois-tu pas
bien que tu m'interromps?

LIGNON.

Je voy que tu m'interromps de
mefme.

JOURDAIN.

Oüy ; mais je fuis un Amant qui
ay befoin de cette place pour foû-
pirer.

LIGNON.

Je fuis auffi un Amant qui ay
affaire de ce lieu-cy pour refver à
mon amour.

JOURDAIN.

Vous estes Amant ?

LIGNON.

Oüy ?

JOURDAIN.

Peut-on vous demander , Pasteur , qui est la Bergere que vous aimez ?

LIGNON.

Helas ! Pasteur , la Personne la plus aimable qui soit en ce Païs.

JOURDAIN.

Vous l'appellez ?

LIGNON.

La Nimphe Charlote.

JOURDAIN.

Eh ?

LIGNON.

Comment ?

JOURDAIN.

Vous vous moquez.

LIGNON.

Moy !

JOURDAIN.

Oüy.

LIGNON.

Plûst au Ciel que je me mo-
quasse, & que cela ne fust point
vray!

JOURDAIN.

Vous aimez la Nymphe Char-
lotte, Fille du Notaire du Village?

LIGNON.

Fille du Juge du Village.

JOURDAIN.

Promise au Marinier Pierrot?

LIGNON.

Au Marinier Pierrot.

JOURDAIN.

Ah!

LIGNON.

Quoy?

JOURDAIN.

Je l'aime aussy.

LIGNON.

Vous l'aimez aussi, Pasteur?

JOURDAIN.

Oüy , Pasteur ; mais puis-je
sçavoir le nom de mon Rival?

LIGNON.

Je m'appelle Lignon,

JOURDAIN.

Et moy , Pasteur , je m'appelle
Jourdain.

LIGNON.

Helas ! faut-il que deux Fleuves
soient réduits à se couper la gorge
ensemble?

JOURDAIN.

Et pourquoy cela ?

LIGNON.

Pour voir qui de nous deux de-
meurera son Amant,

JOURDAIN.

Il y a des Remedes plus humains
que cela, si nous voulons nous en
servir.

LIGNON.

Et quels?

JOURDAIN.

Ouy, avez-vous declaré voſtre amour?

LIGNON.

Non.

JOURDAIN.

Allons chercher ce rare Objet, pour le prier de choiſir de nous deux; & celuy qui ſera refuſé, pourra ſe pendre aprés, s'il le veut.

LIGNON.

Je conſens à cela. Mais la voicy.

SCENE II.

LIGNON, JOURDAIN, CHARLOTE.

JOURDAIN.

BElle Nymphe, vous voyez icy deux Fleuves tous deux amoureux de vous.

LIGNON.

Oüy , nous fommes deux pauvres Amans néceſſiteux , qui vien-
nent à voſtre Porte vous demander
l'aumône de vos bonnes graces.

JOURDAIN.

Nous venons mettre entre vos
mains noſtre diférent amoureux.

LIGNON.

Vous pouvez regarder, Bergere,
qui de moy ou de luy vous voulez
accepter.

CHARLOTE.

N'avez-vous point veu Pierrot?
Je ne ſçay où il eſt depuis ce matin
qu'il s'eſt mis en Mer avec la Cha-
loupe.

JOURDAIN.

Ah , trois & quatre fois belle &
trop belle Beauté , nous n'avons
rien veu icy que le mérite des per-
fections de vos avantages.

LIGNON.

Cela eſt vray, belle Nymphe.

CHARLOTE.

Pierre ne veut point que j'entende tout cela, & il m'a dit qu'il battra tous ceux qui m'en parleront.

JOURDAIN.

Cela ſeroit bien cruel, belle Nymphe, que nous fuſſions battus pour vos beaux yeux.

LIGNON.

Cela eſt vray, belle Nymphe.

JOURDAIN.

Paſteur, pour ne point faire de jalouſie entre nous, baiſons-luy chacun une main.

CHARLOTE.

Pour ne point faire de jalouſie entre vous, voila chacun un ſoufflet.

LIGNON.

Ah, Bergere, le Ciel vous a-t-il

faite si charmante pour estre si cruelle ?

JOURDAIN.

Ah, mon pauvre Lignon !

LIGNON.

Ah, mon pauvre Jourdain !

JOURDAIN.

Pauvres Fleuves méprisez !

LIGNON.

Il se faut pendre aprés cela.

JOURDAIN.

Tu as raison, mon pauvre Fleuve, vien que je te pende le premier, & tu me pendras aprés.

LIGNON.

Non, ne nous pendons point. Je trouve que pour nostre disgrace ce n'est pas assez de se pendre.

JOURDAIN.

Ah ! voicy nostre Rival, retirons-nous, Pasteur, de peur de quelques demeslez.

LIGNON.

Cela eſt vray, Paſteur.

SCENE III.

CHARLOTE, PIERROT.

CHARLOTE.

PArgué, Pierrot, tu t'es donc trouvé là bien à point?

PIERROT.

Parguenne il ne s'en eſt pas fallu l'époiſſeur d'une éplingue qu'ils ne ſe ſayent nayez tous deux.

CHARLOTE.

C'eſt donc le coup de vent da-matin qui les a renverſez dans la Mar.

PIERROT.

Aga quen, Charlote, je m'en vas te conter tout fin droit comme
cela

cela est venu. Car, comme dit l'autre, je les ay le premier avisez, avisez le premier je les ay : Enfin j'es-
quions sur le bord de la mar moy &
le gros Lucas, & je nous amusions
à batifoler avec des motes de tarre,
que je nous jequions à la teste ; car
comme tu sçais bian, le gros Lucas
aime à batifoler, & moy par foüas
je batifole itou ; en botifolant donc,
pisque batifoler y a, j'ay aparceu de
tout loin queuque chose qui groüil-
loit dans liau , & qui venoit comme envars nous par secousse. Je
voyais ça fixiblemēt, & pis tout d'un
coup je voyais que je ne voyais plus
rian. Ah Lucas, çay-je fait, je pen-
se qua ula des hommes qui n'ageant
là bas. Voire , ce m'a-t'il fait, t'as
esté au trépassement d'un chat,
tas la veüe trouble. Pasanguenne
çay-je fait, je n'ay point la veüe
trouble , ce sont des hommes ;

B

point du tout, ce m'a-t'il fait, tas
la barluë ; veux-tu gager, çay-je
fait, que je n'ay point la barluë,
çay-je fait, & que ce font deux
hommes, çay-je fait, qui nageant
droit icy ; çay-je fait morguienne,
ce m'a-t'il fait, je gage que non;
oça, çay-je fait, veux-tu gager dix
fols, que, fi je le veux bian, ce m'a-
t'il fait, & pour te montrer, vela
argent fur jeu, ce m'a-t'il fait ; moy
je n'ay efté ny fou ny étourdy,
j'ay bravement bouté à tarre quatre pieces tapées, & cinq fols en
double, jarniguenne auffi hardi-
ment que fi j'avois avalé un varre
de vin ; car je fis hazardeux, moy,
& je vas à la débandade, je fçavas
bien ce que je faifais pourtant,
queuque gniais. Enfin donc je n'a-
vons pas pû toft eu gagé, que j'a-
vons veu les deux hommes tout à
plein qui nous faifians figne de les

aller querir, & moy de tirer auparavant les enjeux. Allons Lucas, çay-je dit, tu vois bien qu'ils nous appellons, allons viste à leurs secours. Non, ce m'a-t'il dit, ils m'ont fait pardre, adonc tant y a qu'à la parfin, pour faire court, je l'ay tant sarmonné que je nous sommes bouté dans une barque, & pis j'avons tant fait cahin caha, que je les avons tiré de liau, & pis je les avons mené cheu nous auprés du feu, & pis ils se sont dépouillez tous nuds pour se sécher, & pis il en est venu encore deux de la mesme bande, qui s'estians sauvez tous seuls. Vela justement Charlote comme tout ça s'est fait.

CHARLOTE.

Il y en a donc un, Pierrot, mieux fait que les autres.

PIERROT.

Oüy, c'est le Maistre. Il faut que

ce foit queuque gros Monfieu ; car
il a du dor à fon habit, tout depis le
haut jufqu'en bas, & ceux qui le
fervons font des Monfieux eux-mef.
mes , & ftanpandant tout gros
Monfieu qu'il eft, il fe feroit ma
figue noyé , fi je n'avieme efté
là.

CHARLOTE.

Ardez un peu.

PIERROT.

Oh , parguenne fans nous il en
avoit pour fa mene de feuve.

CHARLOTE.

Eft-ce qu'il eft encore tout nud,
Pierrot?

PIERROT.

Nanain, ils l'avon r'habillé devant
nou. Mon Dieu, je n'en avois jamais veu s'habiller , que d'hiftoire
& d'angin gorniaux ils boutons,
ces Meffieus-là : Je me pardrais là-
dedans, pour moy , & j'eftois tout

ébauby de voir ça : Tien Charlote,
ils avons des cheveux qui ne te-
nans point à leurs testes, & ils boutons ça aprés tout, comme un gros
bonnet de filace. Ils ant des che-
mises qui ant des manches où j'en-
trerien tout brandy toy & moy. En
lieu d'audechausse ils portons un
garderobe aussi large que d'icy à
Pasques. En lieu de pourpoint, de
petites brassieres qui ne leur venons
pas jusqu'au brichet ; & en lieu de
rabat, un grand mouchoir de cou
à risiau, avec quatre grosses houpes
de linge qui leur pendon sur l'esto-
mac. Ils avon itou d'autres petits ra-
bats au bout des bras, & parmi tout
ça tant de riban que c'est grande pi-
quié. Il n'y a pas jusqu'aux souliez
qui n'en soient tous farcy, tout depuis un bout jusqu'à l'autre ; & ils
font faits d'une façon que je me
romprois le cou aveuc.

CHARLOTE.

Il faut que j'aille voir un peu ça.

PIERROT.

Oh, écoute un peu auparavant, Charlote, j'ay queuque chose à te dire moy.

CHARLOTE.

Qu'est-ce que c'est?

PIERROT.

Vois-tu Charlote, il faut, comme dit l'autre, que je debonde mon cœur, je t'aime, tu le sçais bian, & je somme pour estre mariez ensemble; mais mordienne je ne suis point satisfait de toy.

CHARLOTE.

Qu'est-ce donc qu'il y a?

PIERROT.

Il y a que tu me chagrines l'esprit, franchement.

CHARLOTE.

Comment donc?

PIERROT.

Testedienne, tu ne m'aime point.

CHARLOTE.

N'est-ce que ça?

PIERROT.

Oüy ce n'est que ça, & c'est bian assez.

CHARLOTE.

Mais tu me dis toûjours la mesme chose.

PIERROT.

Je te dis toûjours la mesme chose, parce que c'est toûjours la mesme chose, & si ce n'estoit pas toûjours la mesme chose, je ne te dirois pas toûjours la mesme chose.

CHARLOTE.

Que veux-tu?

PIERROT.

Jernidienne je veux que tu m'aimes.

CHARLOTE.

Est-ce que je ne t'aime pas?

PIERROT.

Non, tu ne m'aime pas, & si je
fais tout ce que je pis pour ça. Je
t'achette sans reproche des ribans à
tous les maciez qui passon. Je me
romps le cou à t'allé dénicher des
marles. Jo fais joüer pour toy les
Vielleux quand se vient ta Feste, &
tout ça comme si je me frapois la
teste contre un mur. Vois-tu, ça
n'est ny bian ny honneste de n'aimer pas les gens qui nous aimon.

CHARLOTE.

Mais je t'aime aussi.

PIERROT.

Oüy, tu m'aime d'une belle dé-
gaine.

CHARLOTE.

Qu'est-ce que tu veux qu'on
fasse?

PIERROT.

Je veux que l'on fasse comme on
fait quand on aime comme il faut.

CHARLOTE.

Mais je t'aime comme il faut.

PIERROT.

Non, quand ça eſt ça ſe voit,
& l'an fait mille petites ſingeries,
quand on les aime du bon du cœur.
Regarde la groſſe Thomaſe, comme alle eſt aſſotée du jeune Robain,
alle eſt toûjours entour de luy à
l'agaſſer, & ne le laiſſe jamais en
repos, toûjours alle luy fait queuque niche, ou ly baille quelque ta-
loche en paſſant ; & l'autre jour
qu'il eſtoit aſſis ſur un eſcabeau alle
fut le tirer de deſſous ly, & le fit
choir tout de ſon long par tarre.
Jarny vela où on voit les gens qui
aimon ; mais toy tu ne me dis jamais mot ; tés toûjours là comme
une vray ſouche de bois, & je paſ-
ſerois vingt fois devant toy que tu
ne te grouillerois pas pour me bail-
ler le moindre coup, ou me dire la

moindre chofe. Ventredienne ça
n'eft pas bian aprés tout, & tés trop
froide pour les gens.

CHARLOTE.

Dame c'eft mon hymur, on ne
peut pas me refondre.

PIERROT.

Il n'y a hymeur qui tienne, quand
l'an a de l'amitié pour les parfon-
nes, on en donne toûjours queuque petite fignifiance.

CHARLOTE.

Hé bien, laiffe-moy en repos, &
vas en chercher quelque autre.

PIERROT.

Hé bian, vela pas mon conte;
teftigué fi tu m'aimois me dirois-
tu ça?

CHARLOTE.

Qu'eft-ce que tu viens auffi me
tarabufter l'efprit?

PIERROT.

Morgué, queu mal te fais-je? je

ne te demande qu'un peu plus d'a-
miquié.

CHARLOTE.

Et bien bien va, ça viendra fans
y fonger.

PIERROT.

Touche donc là Charlote.

CHARLOTE.

Et bien , tien.

PIERROT.

Promets-moy que tu tafcheras d'
m'aimer davantage.

CHARLOTE.

Hé, Pierrot, eft-ce là ce Monfieu ?

PIERROT.

Oüy, le vela.

CHARLOTE.

Helas c'euft efté dommage qu'il
euft efté noyé.

PIERROT.

Je revian toute à l'heure, je m'en
vay boire chopine, pour me rebou-

ter tant foit peu de la fatigue que j'ay euë

SCENE IV.

D. JUAN, GUSMAN, CHARLOTE,

GUSMAN.

Par ma foy il femble que nous n'ayons jamais bû que du vin, & nous voila auffi bien remis que fi de rien n'avoit efté ; mais, Monfieur, dites-moy un peu, s'il vous plaift, tous ces vœux que nous avons faits avec tant d'ardeur dans le péril fur la Mer, feront-ils executez avec la mefme?

D. JUAN.

Tais-toy. Ah la jolie Perfonne, Gufman.

GUSMAN.

GUSMAN.

La pefte le joly tendron.

D. JUAN.

Il faut l'aborder. Comment ma belle, un lieu fi fauvage produire une perfonne comme vous ? Ah, vous n'eftes point pour habiter les deferts. Regarde Gufman qu'elle eft bien prife.

GUSMAN,

Et vous auffi.

D. JUAN.

Eft-ce que vous voudriez, ma belle, demeurer toute voftre vie dans un lieu pauvre & inhabité comme celuy. cy?

CHARLOTE.

Ho, Monfieur, il y a bien des filles & des garçons dans noftre hameau.

D. JUAN

Il faut que vous quittiez une fi trifte demeure.

C

CHARLOTE.

Oh, Monsieur, mon pere me vouloit marier au gros Lucas, mais ma mere n'a pas voulu, à cause qu'il me falloit aller demeurer à trois lieuës d'icy avec luy.

D. JUAN

Sa simplicité me charme : Et qui est-il vostre pere ?

CHARLOTE.

Il est Juge d'icy.

D. JUAN.

Vous estes fille assurément à vostre âge.

CHARLOTE.

On me va marier.

D. JUAN.

Et à qui, ma belle ?

CHARLOTE.

A Pierrot qui demeure auprés de cheux nous.

D. JUAN.

Quoy, Pierrot aura ce bonheur

là? Pierrot possedera ce tresor? non, non, vous n'estes point destinée pour Pierrot, un rustique, un vilain; il vous faut un homme comme moy qui vous fasse brave, qui... comment vous appellez-vous?

CHARLOTE.

Charlote, Monsieur.

D. JUAN.

Fy, il faut qu'on ne parle à vous qu'avec respect, & qu'on vous appelle Madame; n'aimeriez-vous pas mieux estre avec moy? car, belle Charlote, je vous aime passionnément.

CHARLOTE.

O Monsieur, vous ne voudriez pas aimer une petite fille comme moy.

GUSMAN.

Si fait, si fait, je vous en répons.

CHARLOTE.

Mais, Monsieur, il faut demander
à ma mere.

GUSMAN.

Il est homme d'ordre , & fera
les choses dans les formes.

CHARLOTE.

Et si il ne faut pas que Pierrot
le sçache , car il se fâcheroit.

GUSMAN.

Mon Maistre est secret.

D. JUAN.

Pour moy je suis enchanté, quelle taille ! tournez-vous un peu, elle
est charmante.

CHARLOTE.

O Monsieur, quand j'ay mes ha-
bits des Dimanches.

D. JUAN.

Ah les belles dents, montrez-les-
moy encore de grace ; quel rang de
perles , quelles mains , elles sont
faites au tour ; quelle blancheur !

CHARLOTE.

O Monfieur, fi j'avois fçeu ca, je les aurois lavées ce matin avec du fon, elles feroient bien plus blanches.

D. JUAN.

Ma belle enfant fouffrez qu'un baifé....

CHARLOTE.

O Monfieur, ma mere m'a dit qu'il ne falloit pas baifer les hommes, je ne baife pas feulement Pierrot.

D. JUAN.

Tant mieux, ma belle, tant mieux, abandonnez-moy feulement voftre main, je ne me fens pas de joye & rien n'égale le raviffement où je fuis.

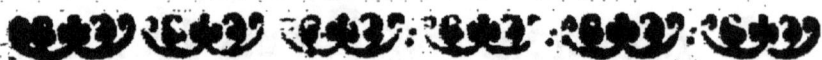

SCENE V.

D. JUAN, GUSMAN, PIER-
ROT, CHARLOTE.

PIERROT.

Tout doucement, Monfieur,
tenez-vous , s'il vous plaift,
vous vous échaufez trop, & vous
pourriais gagner la purefie.

D. JUAN.

Qui m'amene icy cét imperti-
nent?

PIERROT.

Je vous dis qu'ou vous teniais, &
que vous ne careffiais pas nos ac-
cordées.

D. JUAN

Ah que de brüit.

PIERROT.

Jernidienne, ce n'est pas comme
ça qu'il faut pousser les gens.

CHARLOTE.

Laisse-le faire aussi, Pierrot.

PIERROT.

Comment, que je le laisse faire,
je ne veux pas moy.

D. JUAN.

Ah...

PIERROT.

Testedienne, parce que vous
estes Monsieu, vous viendrez caresser nos femmes à notre barbe,
allez-vous-en caresser les vostres.

D. JUAN.

Hen.

PIERROT.

Hen ? Tastigué ne me frapez
pas. Oh, jarnigué, ventregué, pal-
fangué, mordienne, ça n'est pas
bien de battre les gens, & ce n'est
pas là la récompense de vous avoir

sauvé d'estre noyé.

CHARLOTE.

Pierrot, ne te fasche point...

PIERROT.

Je me veux fascher, & t'est une vilaine, toy, d'endurer qu'on te cajolle.

CHARLOTE.

Il n'y a pas de quoy te bouter en colére.

PIERROT.

Quement, jarny, tu m'és promise.

CHARLOTE.

Est-ce que tu és fasché, Pierrot, que je devienne Madame?

PIERROT.

Jarnigué, oüy, j'aime mieux te voir crever, que de te voir à un autre.

CHARLOTE.

Va va Pierrot, tu porteras des fromages cheux nous.

PIERROT.

Ventredienne je n'y en porteray
jamais quand tu m'en poirois deux
fois autant qu'un autre; eſt-ce donc
comme ça que t'eſcoute ce qu'il te
dit ? morguienne, ſi j'avois ſceu ça
tantoſt, je me ſerois bien gardé de
le tirer de liau, & je luy aurois baillé
un bon coup d'aviron ſur la teſte.

D. JUAN.

Qu'eſt-ce que vous dites?

PIERROT.

Jarniguenne, je ne crains par-
ſonne.

D. JUAN.

Attendez-moy un peu.

PIERROT.

Je me mocque de tout, moy.

D. JUAN.

Voyons cela.

PIERROT.

J'en avons bian veu d'autres.　　]

GUSMAN.

Eh ! laisse-le faire , mon pauvré
garcon, & ne luy dis rien.

PIERROT *luy donnant un souflet.*

Je veux luy dire , moy.

D. JUAN.

Te voila payé de ta charité.

PIERROT.

Jarny, je vas dire à ton pere tout
ce ménage-cy.

D. JUAN.

Ah, Gusman , que je suis épris
de cét aimable enfant ; mais que
je crains qu'elle ne reçoive quelque
rude reprimande pour moy.

GUSMAN.

Tout de bon , vous tient-elle au
cœur?

D. JUAN,

Ouy, Gusman , & je craindrois
plus que la mort qu'elle fust querel-
lée de son pere.

GUSMAN.

Ecoutez, pour servir voftre paf-
fion, vous fçavez que j'ay accoû-
tumé d'entreprendre bien des cho-
fes; laiffez-moy faire, j'ay déja
beu avec fon pere, & ce font de
ces bonnes gens qui font connoif-
fance en deux verres de vin. J'ima-
gine une piece affez plaifante pour
l'intimider & l'empefcher de que-
reller fa fille. Repofez-vous fur
moy ; je luy vay mettre mon ca-
marade en tefte, & de la facon dont
je conduiray la chofe, je vous pro-
mets de fervir voftre amour. Allons
feulement faire un doigt de colla-
tion.

Fin du premier Acte.

ACTE SECOND.

SCENE I.

LE JUGE, CHARLOTE

CHARLOTE.

MOn pere, pourquoy me tourmentez-vous? Eſt-ce ma faute ſi j'aime mieux ce Monſieur que ce gros vilain Pierrot que vous me voulez donner?

LE JUGE.

Allons, petite baboüine, allons, vous aimez donc les Monſieur; oh je vous apprendray que les Monſieur ne ſont pas pour vous, & que vous n'eſtes pas pour eux. Rentrez au logis, & qu'il ne vous arrive plus de songer à d'autres qu'à Pierror, c'est luy qui sera mon gendre, il a bon mestier, & vous ne sçauriez mourir de faim avec luy. Adieu, qu'on ne m'en souffle pas seulement un petit mot. Voyez-vous, il leur faut des godeluriaux, de ces petits muguets bastis comme des poupées, avec leurs grands cheveux & leurs petites épées ; non sera, non fera, vostre Monsieur le Monsieur ne sera pas pour vous, ma fille. Ah voicy son Valet de Chambre, c'est le plus honneste d'eux tous, celuy-là, car dés le matin nous avons bû ensemble.

SCENE II.

GUSMAN, LE JUGE.

LE JUGE.

Monsieur Gusman, je suis le voftre, comment vous va?

GUSMAN.

Fort bien, Monfieur; je vous cherchois.

LE JUGE.

Qui a-t'il pour voftre fervice? Vous eftes un brave homme, vous; & de toute voftre bande, vous eftes celuy que j'aime le mieux.

GUSMAN.

Monfieur, je vous fuis bien obligé, & auffi en récompenfe je vous viens avertir de quelque petite chofe qui vous touche.

LE JUGE.

Moy!

GUSMAN.

Vous-mefme.

LE JUGE.

Et qu'eft-ce que ce feroit?

GUSMAN.

Et ce n'eft qu'une bagatelle, mais il eft toûjours bon d'y prendre garde.

LE JUGE.

Dites-moy donc, je vous prie, ce que c'eft?

GUSMAN.

C'eft que l'on vous veut tuer:

LE JUGE.

Me tuer!

GUSMAN.

Oüy; mais cela ne fera rien: c'eft un drofle qui prend avec un peu trop de chaleur les interefts de mon Maiftre contre vous, touchant voftre fille; mais je luy ay bien dit fon

fait : Ce n'eſt pas qu'il eſt méchant
comme un diable , & quand il a ré-
ſolu quelque choſe, il faut que cela
ſoit; mais je luy ay bien juré que s'il
més-arrivoit de voſtre perſonne, je
ſçaurois bien vous en vanger toſt
ou tard ; c'eſt pourquoy vous n'a-
vez que faire de craindre.

LE JUGE.

Et oüy da ; mais s'il m'alloit tuer
ſans vous avertir, je ne laiſſerois pas
que d'eſtre mort.

SCENE III.

LE JUGE, SILVESTRE, GUSMAN.

GUSMAN.

CHut, ne faites point ſemblant
de rien , & vous tenez un peu

à l'écart, le voicy ; vous allez en-
tendre comme je luy vay parler.

SILVESTRE.

Gufman, fay-moy connoistre un
peu le Juge de ce lieu, qui est le pere
de cette jolie Charlote.

GUSMAN.

Pourquoy, Monsieur?

SILVESTRE.

Je viens d'apprendre qu'il veut
empefcher que mon Maiftre l'é-
poufe, & qu'il fe vante de le pour-
fuivre par Juftice.

GUSMAN.

Il eft vray qu'il ne veut pas con-
fentir à ce mariage, parce que fa
parole eft engagée à un autre.

SILVESTRE.

Par la mort, par la tefte, par la
ventre, fi je le trouve, je le veux
échigner, deuffay-je eftre roüé
tout vif.

GUSMAN.

Hé, Monſieur, c'eſt un honneſte homme, peut-eſtre ne vous
craindra-t'il point.

SILVESTRE.

Luy, luy? Par la ſang, par la teſte
s'il eſtoit là, je luy donnerois de
l'épée dans le ventre. Qui eſt cét
homme-là?

GUSMAN.

Ha, Monſieur, ce n'eſt pas luy.

SILVESTRE.

N'eſt-ce point quelqu'un de ſes
amis?

GUSMAN.

Au contraire, c'eſt ſon ennemy
capital.

SILVESTRE.

Son ennemy capital?

GUSMAN.

Oüy.

SILVESTRE.

Ah! parbleu j'en ſuis ravy. Vous

êtes ennemy, Monſieur, de ce faquin de Juge. Eh?

GUSMAN.

Ouy, ouy, je vous en réponds.

SILVESTRE.

Touchez-là, touchez ; je vous
donne ma parole, & vous jure ſur
mon honneur par l'épée que je
porte, par tous les ſermens que je
ſçais faire, qu'avant la fin du jour
je vous déferay de ce maraut fiéfé,
de ce faquin de Juge; repoſez-vous
ſur moy.

GUSMAN.

Monſieur, ces ſortes de choſes
ne ſont guére ſouffertes, & il y a
bonne Juſtice en cas.....

SILVESTRE.

Je me mocque de tout, & je n'ay
rien à perdre.

GUSMAN.

Monſieur, ce n'eſt pas un homme ſans amis, & il pourroit trouver

quelque appuy contre voſtre reſſentiment.

SILVESTRE.

C'eſt ce que je demande, morbleu; c'eſt ce que je demande: ah, teſte, ah ventre; que ne le trouvay-je à cette heure, avec tout ſon ſecours; que ne paroiſt-il icy à mes yeux au milieu de trente perſonnes; que ne le vois-je fondre ſur moy les armes à la main? comment marauts, vous avez la hardieſſe de vous attaquer à moy?*Allons, morbleu; tuë, point de quartier; donnons ferme; pouſſons, bon pied; bon œil. Ah, canaille, vous en voulez par là, je vous en feray tâter voſtre ſaoul. Soûtenez marauts, ſoûtenez. Allons, à cette botte, à cette autre, à celle-cy, à celle-là; comment, vous reculez? pied ferme, morbleu; pied ferme.

* *Il met l'épée à la main, & pouſſe des bottes de tous coſtez, & devant les yeux du luge.*

GUSMAN.

Nous n'en sommes pas.

SILVESTRE.

Voilà qui vous apprendra à vous
oser joüer à moy.

GUSMAN.

Voilà bien du sang répandu pour
une bagatelle. Et bien, Monsieur,
vous voyez quel diable d'homme
c'est là.

LE JUGE, *bas.*

Oüy, oh je me mocque de tou-
tes ses menaces.

SILVESTRE.

Ah ventre, jarny, que ne le puis-
je trouver?

PIERROT.

N'y est-il plus?

GUSMAN.

Non, non, il est party tout à fait,
ne craignez plus rien.

LE JUGE.

Qui, moy? Oh, en bien faisant

on ne craint rien ; & on luy montrera bien les dents qnand il le faudra.

GUSMAN.
Oh, je n'en doute pas ! on void bien que vous estes un homme ferme.

LE JUGE.
Je m'en vais un peu consulter ce que j'ay à faire, & si on ne me conseille rien de bon là-dessus. J'iray assembler le Village, & on sonnera le toxin sur vostre Maistre & sur vous.

GUSMAN.
La peste soit le vieux fou, il nom va attirer icy quelque défluxion sur les épaules.

SCENE IV.

D. JUAN, GUSMAN.

D. JUAN.

ET bien, Gusman, qu'as-tu fait?

GUSMAN.

Ma foy, Monsieur, rien qui vaille, nostre vieillard s'est mutiné, il nous menace du toxin, & cela ne sent rien de bon. Si tous ces diables de Mariniers se mettoient une fois sur nous, garre les coups d'aviron. Si vous m'en croyez, Monsieur, évitons ce desordre, nous ne serions pas les plus forts icy ; rengainez vos amours pour quelque temps, & à la premiere occasion d'une Barque qui partira nous enleverons vo-

ftre jeune Charlote fous un habit
d'homme, ou quelque autre dégui-
fement; franchement il n'y a point
de jeu avec ces canailles-cy, ils fe-
ront toûjours les plus forts ; &
quelque grandeur que vous ayez
au deffus d'eux, la quantité l'em-
portera fur la qualité. Laiffez-moy
raccommoder tout cecy, & vous
retirez feulement, je vay tafcher
de rejoindre noftre vieux Juge, &
faire en forte de le ramadoüer un
peu.

D. JUAN.

Va donc, j'abandonne tout à ta
conduite; mais tu ne fçais pas, Gufman, le malheur qui nous accom-
pagne?

GUSMAN.

Et qu'y auroit-il de nouveau?

D. JUAN.

Une Barque marchande vient de
gottiller icy, & comme la curiofité

m'a porté à voir quelles gens es-
toient dedans. Le premier homme
qui s'est presenté à mes yeux, de-
vine qui c'est?

GUSMAN.

Ma foy, Monsieur, je ne suis point
Sorcier.

D. JUAN.

Monsieur Dimanche.

GUSMAN.

Monsieur Dimanche ! Quoy ? ce
persecuteur de Chrestiens, ce maudit Marchand qui ne sçauroit lais-
ser vivre en repos ceux qui luy doi-
vent?

D. JUAN.

Luy-mesme.

GUSMAN.

Par ma foy, Monsieur, il vaudroit
presque autant nous estre noyé, que
d'avoir encore retrouvé cét homme-là; & l'avez-vous accüeilly à vô-
tre ordinaire, par de grands com-

E

plimens & de belles paroles, que
vous luy faites paſſer pour argent
comptant?

D. JUAN.

Je ne l'ay point abordé, je n'ay
pas voulu qu'il me parlaſt devant
d'autres Marchands qui eſtoient là
avec luy; mais je ne crois pas eſtre
long-temps ſans le voir; il m'a veu:
& comme je m'eſquivois, j'ay bien
oüy qu'il s'eſt informé de moy, en
me demandant par mon nom à
quelques habitans d'icy.

GUSMAN.

Quel diable d'embarras! On dit
bien vray, qu'un mal-heur ne vient
jamais ſans l'autre. Nous partons
joyeux d'un païs où nous ſommes endebtez, pour aller em-
ployer noſtre credit ailleurs; un
maudit banc de ſable nous fait faire
naufrage; l'amourette vous prend
pour une fille promiſe à un autre;

on nous menace d'amenter tout le
village fur nous ; & pour comble de
maux nous trouvons M' Dimanche;
mais ma foy, Monfieur, bon pied,
bon œil, le voicy, je le reconnois,
vous n'avez qu'à vous bien tenir.

D. JUAN.

Paix, paix, ne dis mot, écoute feulement, je vay payer d'une monnoye toute nouvelle.

SCENE V.

D. JUAN, GUSMAN.
M' DIMANCHE.

D. JUAN.

AH, que vois-je? M' Dimanche icy ! quelle heureufe ren-
contre!

Mr DIMANCHE.

Monfieur.....

D. JUAN.

Que je vous embraffe, Mr Dimanche.

Mr DIMANCHE.

En verité c'eft moy, Monfieur,
qui fuis trop heureux de vous trouver icy, & j'ay bien de la joye que
cela ferve d'occafion à vuider,...

D. JUAN.

Vrayement j'ay bien du plaifir à
vous voir.

Mr DIMANCHE.

Monfieur, c'eft beaucoup d'honneur que vous me faites ; mais fi
vous y vouliez joindre une grace, je
me trouve icy dans quelque befoin,
&....

D. JUAN.

Comment fe porte Madame Dimanche voftre femme?

Mr DIMANCHE.

Fort à voſtre ſervice, Monſieur,
Je voudrois donc vous prier....

D. JUAN.

Je ſuis ſon ſerviteur.

Mr DIMANCHE.

Monſieur, je diſois donc que ſi
vous aviez la commodité...

D. JUAN.

Et voſtre fille Mademoiſelle Ma-
rion?

Mr DIMANCHE.

Elle eſt en bonne ſanté auſſi,
Monſieur; mais....

D. JUAN.

C'eſt une aimable enfant.

Mr DIMANCHE.

Elle eſt bien voſtre petite ſer-
vante, Monſieur; je...

D. JUAN.

Et qui eſt vrayement bien ſage.

Mr DIMANCHE.

Oh, Monſieur, vous vous mo-

quez d'elle. J'ose prendre la liber-
té de vous dire, Monsieur, qu'une
certaine Lettre de Change que je
dois acquiter dans peu m'oblige....

D. JUAN.

Et vostre petit garçon, fait-il toûjours bien du bruit avec son tam-
bour?

Mr DIMANCHE.

Oh, Monsieur, il est assez semil-
lant. Or ça, si vous vouliez que
nous parlassions un peu....

D. JUAN.

Il vous ressemble comme deux
goutes d'eau.

Mr DIMANCHE.

Voyez-vous, Monsieur, dans le
negoce si nous ne payons à jour
nommé, on proteste d'abord contre
nous; c'est ce qui fait, Monsieur,
que nous importunons quelquefois
nos debiteurs; & comme vous m'a-
vez fait l'honneur de prendre....

D. JUAN.

A propos, voſtre petit Chien eſt-il encore en vie?

GUSMAN.

Il s'intereſſe pour toute la famille.

Mr DIMANCHE.

Monſieur, tout ſe porte fort bien.

D. JUAN.

En verité j'en ſuis fort joyeux, & je vous veux prier de les embraſſer tous deux pour l'amour de moy, quand vous retournerez chez vous.

Mr DIMANCHE.

Monſieur, ſi auparavant vous trouvez bon que nous …

D. JUAN *repouſſe inſenſiblement M. Dimanche juſques à ce qu'il ſoit contre la porte, & puis s'en va.*

Adieu Mr Dimâche, que je vous embraſſe.

Mr DIMANCHE.

Monſieur…

D. JUAN.

Je ne vous laiſſeray point là.

Mr DIMANCHE.

Mais Monſieur.

D. JUAN.

Je ſçay trop ce que je vous dois.

Mr DIMANCHE.

Et oüy Môſieur, d'accord, mais le beſoin…

D. JUAN.

Allons, allons, permettez-moy de vous conduire.

Mr DIMANCHE.

Monsieur, la necessité de payer...

D. JUAN.

Je ne vous laisseray point là, vous dis-je.

Mr DIMANCHE.

Mais si...

D. JUAN.

C'est perdre le temps.

Mr DIMANCHE.

Je...

D. JUAN.

Vous vous moquez.

Mr DIMANCHE.

Point du tout.

D. JUAN.

Hola hé? des Flambeaux, & reconduisez Mr Dimanche.

Mr DIMANCHE.

Quel diable d'homme est ce cy? Orça, me payerez-vous de la mesme monnoye, vous Mr Gusman?

GUSMAN.

Plaist-il, Monsieur?

Mr DIMANCHE.

Je vous demande s'il vous souvient bien

que vous me devez en voſtre particulier
pour quarante écus d'Etoffe que je vous
ay livré?

GUSMAN.

Comment ſe porte Madame Dimanche?

Mr DIMANCHE.

Oh je n'entens pas raillerie, &...

GUSMAN.

Et voſtre petit Chien? Il vous reſſemble
comme deux goutes d'eau. Allons donc,
je ne vous laiſſeray point là. Je vous re-
conduiray, je ſçay trop mon devoir. Vous
vous moquez. Sortez donc, s'il vous
plaiſt, ou que le Diable vous emporte.
Bonſoir & bonne nuit. Belle maniere de
payer ſes Creanciers. On ne nous rap-
porte ny argent faux, ny Piſtoles légeres.
Mais voicy mon vieux Juge avec ſon Gendre prétendu; tâchons de détourner l'o-
rage qu'ils nous appreſtent.

SCENE VI.

LE JUGE, PIERROT.

PIERROT.

POur moy je ne trouve rien de meilleur
pour nos affaires que de crier haro ſur

ce diable de Monſieur qui veut tuer les Hommes, & prendre les Femmes. Pal-ſangué faites comme moy, je criërons l'al-larme. *Le Juge & Pierrot ſe mettent à crier allarme & au feu tous deux enſemble.*

SCENE VII.

LE JUGE, PIERROT, GUSMAN.

GUSMAN *leur parlant.*

ET qui a-t-il, Meſſieurs? à quoy bon tout ce vacarme? Vous inquietez-vous? J'ay tourné l'eſprit de mon Maiſtre tout comme vous le ſouhaitez; il ne s'op-poſe plus à voſtre mariage, au contraire il prétend eſtre de la nopce. Il en payera le Feſtin, & meſme il ſe retient pour eſtre le Compere au premier Enfant que vous aurez.

PIERROT.

Oh pargué vela un honneſte homme cela. Oh bian vous ly diré pour lamour de cela que je ſommes ſon ſarviteur, & que jallons décrier lallarme & boire à ſa ſanté. Venez payer chopaine.

FIN.

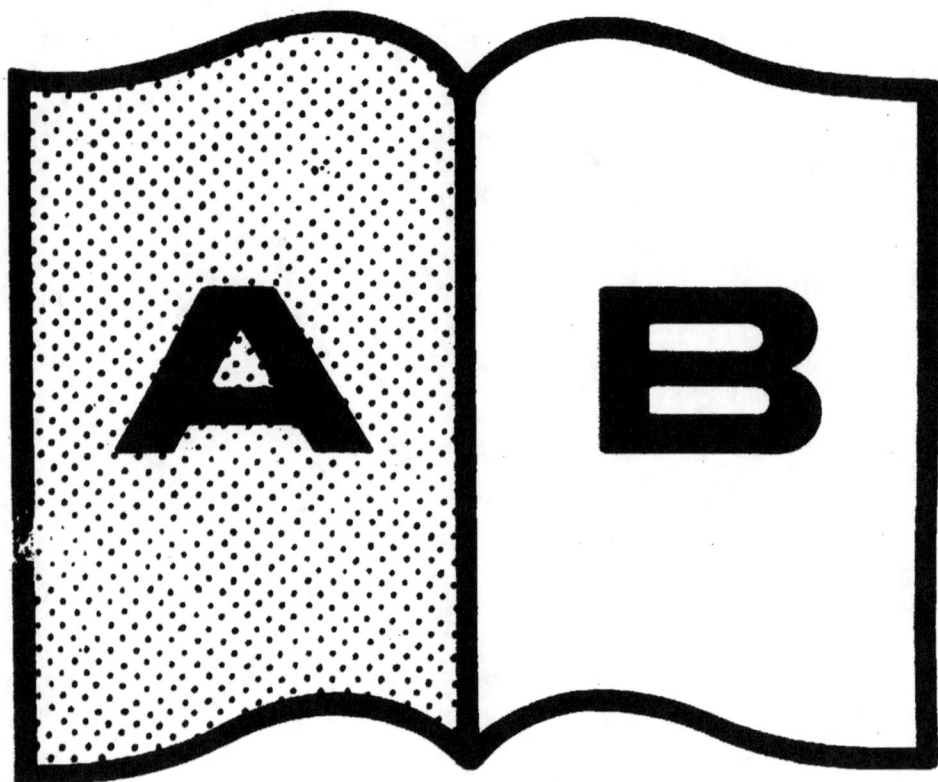

Contraste insuffisant

NF Z 43-120-14

www.ingramcontent.com/pod-product-compliance
Lightning Source LLC
LaVergne TN
LVHW022140080426
835511LV00007B/1186